Mildred 要 男朋友

Mildred Yào Nán Péngyǒu
Simplified character version

©2017 by Terry T. Waltz

Published by Squid For Brains, Albany, NY USA

ISBN-13: 978-1-946626-32-5

Other than for academic reviews, no portion of this work may be reproduced or reformattd, including for purposes of display to a larger audience, without the prior written consent of the copyright holder.

Mildred 有没有 男朋友？她 没有。但是 她 要 一个 男朋友！

她要什么男朋友？ 她要一个很好看的男朋友。

她要一个几岁的男朋友？她要一个十八岁的男朋友。

Bustin Jeeber 是她的男朋友吗？不是。为什么？
因为他有女朋友。

Harrison Hyundai 是 她的 男朋友 吗？不是。为什么？因为 他 几岁？他 不是 十八岁。

Washcloth Bob 很 喜欢 Mildred. 他 是 她的 男朋友 吗？不是。因为 他 也 不是 十八 岁。他 十九 岁。

Doufuman 是不是 她的 男朋友？
不是。但是 不是 因为 他 不是 十八岁。他 十八 岁。他 也 很 好看。但是 他 有 七个 女朋友！

他的 一个 女朋友 叫 Barbara the Dinosaur。她 很大 。她 六十四岁。

两个 女朋友 叫 Ursalena 跟 Ursalina。她们 是 Pandarella 的 姐姐。她们 都 二十三 岁。

一个 女朋友 叫 Giuseppina。她 是 Giuseppe 的 妹妹。她 三十五岁。

一个 女朋友 叫 Ramona。她 是 Egbert 的 妈妈 的 朋友 的 姐姐。她 三十岁。

一个 女朋友 叫 Lois Leftlane。她 几 岁？是秘密！

一个 女朋友 是 Bustin Jeeber 的 妈妈 的 妈妈 的 妈妈。她 九十八 岁。

Mildred 要 男朋友, 但是 她 没有!
Mildred 哭了。

Mildred 的朋友跟她说：我有两个朋友。他们是男的朋友。想不想去看看他们是不是你要的男朋友？

Mildred 跟她说:"我很想去看看！你的两个男的朋友在哪儿？"

Mildred 的朋友跟她说:"他们在 Chopsticks, Washington."

两个在 Chopsticks, Washington 的朋友是谁？一个朋友是 Edward Sullen。

Jacob Slack 也在 Chopsticks, Washington。

Edward Sullen 跟 Jacob Slack 都在 Chopsticks。他们都没有女朋友！

Mildred 跟他们说:"你们都十八岁吗?"

Edward 说:"我十七岁。"

Jacob 说:"我十六岁。"

Mildred 跟 Edward 说:"我要一个十八岁的男朋友。我们去中国,就好了!"